UN ÁRBOL PASA Y DUELE
COMO UNA ESTACIÓN VACÍA

Dina Tunesi

FUNÁMBULO

LIBRERÍA · EDITORIAL

Un árbol pasa y duele como una estación vacía
© Dina Tunesi
© Julio Mejía III por el prólogo
Primera edición, agosto 2023
Fotografía de la portada:
© Jair Misael Arvizu Compeán
Corrección de estilo, maquetación y diseño:
Mikhail Carbajal, Sandra Morin

Funámbulo Librería - Editorial

Director general
David Granados
Coordinador Editorial
Mikhail Carbajal
Consejo Editorial
Renato Tinajero | Evy P. Reiter | Jorge López Landó

Un tren se aleja del andén. Desde uno de los vagones, un pasajero mira a través de su ventana a alguien que se despide en la plataforma. Y la imagen del ferrocarril desapareciendo en el horizonte queda contenida en una lágrima. La escena es común: se ha visto en películas y series de televisión. Y a pesar de la recurrencia de este momento en el imaginario colectivo, hubo algún momento en que fue algo nuevo e inquietante para la humanidad. No se trata de cualquier despedida: tiene un aire de inevitabilidad que no comparte con los carros o los autobuses, que pueden frenar o desviarse con relativa sencillez; y se realiza desde una cercanía que no es frecuente al despedir a un ser querido que viaja en avión.

El pintor italiano Umberto Boccioni, representante del futurismo de principios del siglo XX, quiso captar los episodios de una despedida en una estación ferroviaria a través de una serie titulada *Stati d'animo* [*Estados de ánimo*]. El estudio de esta obra[1] despertó el

---

[1] Entendamos por "estudio" al boceto o versión preliminar que el artista desarrolla para planear su trabajo.

interés de Dina Tunesi, quien se propuso explorar las posibilidades plásticas y emotivas suscitadas por la obra de Boccioni. El título de su libro, *Un árbol pasa y duele como una estación vacía*, capta la dimensión humana ante el progreso tecnológico: el mundo inmóvil parece estar en movimiento desde el vagón de un tren, y ese despliegue de imágenes atraviesa el filtro de las emociones.

La representación verbal de una figura visual (como una pintura o una escultura) se conoce como écfrasis, y existe una amplia tradición de poesía escrita en español que se adscribe a esta dinámica. Vale la pena mencionar *A la pintura. Poema del color y la línea*, de Rafael Alberti, así como *Me llamo Hokusai*, de Christian Peña, como obras ejemplares de este género, al que también pertenece *Un árbol pasa y duele como una estación vacía*.

El mayor riesgo de producir una obra derivada es la redundancia; es decir, que el producto resultante se limite a ser una descripción de la obra "original". *Un árbol pasa y duele como una estación vacía* sortea ese riesgo: si bien la obra de Boccioni es el punto de partida para Dina Tunesi, su libro es un producto estéticamente autónomo. No sólo no depende del conocimiento y apreciación del estudio de *Estados de ánimo* de Boccioni, sino que aporta nuevas perspectivas y elementos, de los que hablaré a continuación.

Para poder pintar un lienzo, es necesario reunir y preparar los colores con los que se trabajarán. Eso mismo hace Dina Tunesi con el primer apartado de su libro: "Paleta de colores". Esta sección está conformada por poemas en prosa que tratan sobre los colores primarios, secundarios, análogos y neutros. Si bien estos poemas no parecen guardar relación con el resto del libro -temáticamente hablando-, no se sienten como ripios sino como el trabajo previo que es la condición de posibilidad de las imágenes subsecuentes:

El betabel partido a la mitad
fue la referencia topográfica para explicar un corazón.

Lo esencial del fragmento anterior no es el tema o significado, sino el color predominante: el rojo. Esta manera de construir obliga al lector a concentrarse en la dimensión cromática de las imágenes; a darle más peso al sentido connotativo del lenguaje que al denotativo. A leer el poema como una pintura y concentrarse más en las evocaciones que en los significados.

Una vez preparada la paleta de colores, sigue la obra, dispuesta como un tríptico que narra las despedidas en una estación ferroviaria: "El adiós", "Los que se van", y "Los que se quedan". Como ya había dicho anteriormente, el libro no es una descripción de la obra de Boccioni, sino una recreación: una creación nueva, autónoma, que no sustituye, sino que complementa al original.

En el primer apartado del libro, "El adiós", Dina Tunesi realiza una lectura libre del escenario de despedidas que Boccioni retrató. Pero los elementos -estáticos en la pintura- adquieren más profundidad y detalle en los poemas del libro.

> *Tren: casa efímera de perfil corroído*
> *por el carbón que se cuela*
> *en la comisura de los ojos*

En el fragmento anterior, la imaginación poética nos muestra lo que la pintura no puede: el detalle del humo en los ojos. Y así, en el primer apartado del libro, se nos presentan imágenes propias de la despedida en la estación del tren: abrazos entre el humo, los silbidos del tren y el equipaje.

"Los que se van" es un poema extenso en el cual el hablante lírico narra su recorrido emocional en un tren. La estructura del texto (prosa centrada con pausas marcadas por diagonales) sirve para evocar el ritmo vertiginoso del movimiento en las vías. Pero el desplazamiento más interesante no es el físico, sino el mental: el hablante lírico fija su atención en la ventana, voltea a ver a los demás pasajeros, y también mira hacia adentro y ve su dolor (que tiñe todo lo demás).

En la última sección del libro, "Los que se quedan", las misteriosas figuras de la obra de Boccioni toman la palabra y cuentan su dolor. Después del movimiento de la sección pasada, viene la melancólica quietud de quienes se quedan solos en la estación del tren y sienten que el mundo sólo es "un andén que se pierde en el horizonte".

Cada apartado presenta una distinta manera de concebir la poesía, tanto temática como formalmente: poemas en prosa para evocar los colores; poemas expresionistas en verso libre sobre el escenario de las despedidas; un poema extenso sobre el viaje emocional en ferrocarril; y poemas intimistas sobre la melancolía de quienes se quedan en la estación del tren.

Un árbol pasa y duele como una estación vacía es un libro que invita a sus lectores a contemplar los colores de la melancolía que es tan contundente y fugaz como una locomotora.

Adenda:

Este libro merece una lectura atenta y cuidadosa, y me propuse ofrecer al lector una orientación que fuera lo más útil posible. La tarea me resultó difícil, puesto que me desborda la emoción de ver publicado el primer libro de Dina Tunesi. Conocí a la autora en 2016, en un taller de creación literaria en la Universidad de Monterrey. Desde entonces, he visto a Dina crecer como artista: publicar poemas, ensayos y reseñas; participar en eventos de lectura; ser beneficiaria de becas (como la del Centro de Escritores de Nuevo León, en 2018, y la del curso de verano de la Fundación para las Letras Mexicanas, en 2019). La publicación de su primer libro es la confirmación pública de lo que todos quienes la conocemos ya sabemos: que es una poeta.

Un libro es una extensión de su autor, y *Un árbol pasa y duele como una estación vacía* no es la excepción. La variedad estética que explora es reflejo de las inquietudes artísticas de Dina. Hay artistas que se instalan en una forma y parece que producen variaciones sobre un mismo tema. Isabel Fraire escribió (parafraseo) que el destino del poeta es escribir cientos de veces el mismo poema. No es el caso de Dina. A ella más bien le interesa abrir su panorama: explorar diversos registros, varias formas, todos los temas que pueda. No me extraña, entonces, que la obra de un futurista italiano le interesara lo suficiente como para que sirviera de pretexto de su primer libro. El movimiento es, probablemente, el gran tema de Dina. *Un árbol pasa y duele como una estación vacía* es una parada en el trayecto artístico de Dina. No nos preocupemos por el destino

Julio Mejía III

PALETA DE COLORES

PRIMARIOS

Secuencia de Rojos

I.

Fotografía análoga

Encuadre de una cintura como eje central,

una mano sostiene una granada,

las uñas coronadas en amapolas

se entierran en la pared capilar de la fruta

y, como si sangrara,

su jugo hace un mapa en las piernas cruzadas.

II.

Dibujo a tintas

Si el infierno tuviera una entrada, sería un

pasillo que nunca termina

con un camino de lava intermitente como

única luz guía.

III.

Óleo

La pintura acumulada en pastas
dan relieve a las olas de lunares violentos
que se marcan en los ojos.

IV.

Técnica mixta

Una colonia de fresas discute si es posible
llegar al sol o no.
La conclusión es intentarlo, pero están en una
caja.

V.

Collage

El betabel partido a la mitad
fue la referencia topográfica para explicar un
corazón.

Dicen que las venas que ramifican el cuerpo son rojas, pero, ¿según quién? La gente no cree en los libros de ciencias naturales. No. Las venas son azules como ríos divididos que atraviesan la luz de la boca del estómago.

Hace tanto tiempo ocurrió un desastre natural: las extremidades se partieron y lo único que quedó fueron charcos, pero allá abajo, en eso que llaman abismo marino, la existencia se perdió como los barcos hundidos. En las corrientes corales, rosas como las glándulas, encontraron una pierna todavía sujeta al pie. Se necesitaron más de trescientos buzos para dar con ella.

Fue más fácil encontrar la Atlántida.

DUNAS

La arena esconde secretos; en el día reclama cuerpos, construye dunas y susurra como los primeros rayos de la mañana. Entre cada grano hay un espacio que sólo puede llenar la canción del desierto, una voz que pulula y perfora las capas del tejido óseo. Pero este cielo tan amarillo, como su tierra, no ampara, obliga a seguir adelante en busca de refugio. La tolvanera llena la boca y axilas, provoca sed, pero hace montañas de oro sobre los fémures. Al final, sólo entierra.

SECUNDARIOS

Todo depende de dónde se planten los pies; a partir de los tantos kilómetros se habla de la perspectiva atmosférica: da Vinci fue de los primeros en darle nombre. ¿Cómo se podía interpretar la densidad del aire en el papel?, o lienzo, o retablo, lo que fuera. La distancia tiene tintes místicos: aquello que no se puede tocar se convierte en un elemento mágico, y las montañas, desde los tantos kilómetros, bien pueden ser de amatista, una variedad macrocristalina que funciona para limpiar las energías. Tal vez por eso los enfermos se retiran a morir allá a lo lejos y la muerte parece un secreto.

Naranja

Si el viento se pudiera revolver, sería gracias a las mariposas monarca que migran y duermen, se tapizan en tejidos de la estación del viaje con venas de terciopelo cenizo para llevar la prosperidad al ecosistema, ¿cuál?, el de este cuerpo que se infecta a cada paso. Su color, a final de cuentas, es un mecanismo de defensa, el de otros, evadir preguntas.

VERDE

Hay lugares en donde la luz no llega, por ejemplo las cuevas que se ocultan bajo los zapatos: a cada paso dejan una laguna de musgo que tardará cien años en brotar, pero andamos sueltos, a costa de las indiferencias y dejamos tantas inundaciones estancadas en los cuadros que se han convertido en pantanos.

SIMILITUD Y CONTRASTE

Se podría decir que la familiaridad es reconfortante, eso que está cerca es un resguardo, como un velo de protección.

En algún lado, porque todo se ha escrito ya, se cuenta la historia del Velador: un hombre que se dedica a cuidar el cielo y sus horarios; ha existido mucho antes que el mismo Dios. Este hombre arrastra todo el tiempo el manto que tiñe los días y las noches. El velo, que conocemos como el cielo, fue bordado con diamantes y rocío en un extremo que marca las noches de verano; para los atardeceres reunió los últimos suspiros de las personas y los tejió en recuerdos que van desde el rojo de sus deseos hasta el naranja de los peligros.

Pero aún se necesitaba la transición de calma, de un cielo que no agobiara con su oscuridad o adormeciera con su crepúsculo, quería un cielo estático, que colgara sobre las cabezas y sujetara las raíces de los humanos, así que tomó una parte del mar y la encerró en cajas de cristal para disponer como una vitrina.

Ha pasado tanto tiempo desde entonces, que ya ni siquiera podemos decir que el Velador sea real, pero el cielo sigue en constante transición y el degradado de sus colores lo hace lucir tan distinto, que cuesta pensar que sea uno solo.

NEUTROS

Resultó que la nada sólo tenía unos centímetros de espesor.

Diana Wynne Jones

Al fondo del vaso dormita un residuo y ahí se encuentra la nada de color, sabor y aroma del agua.

BLANCO

En la luz todos los colores se palidecen, se queman, pero también es la luz la que roba la vista por unos segundos cuando se abren las ventanas al despedir la noche.

GRIS

Todas las noches la naturaleza juega a las escondidas: en las sombras de los señalamientos se entierran mis tobillos, pero no importa, los obligo a seguir su paso. Las hojas caídas corren con el viento junto a mis zapatos y son más rápidas que mi andar en la calle llena de grietas que ocultan las raíces muertas de la ciudad.

Negro

Negro el carbón, las uñas que coronan tus manos, tus ojos de cuervo que penetran en el hollín, negro todo lo que se mueve y delinea el mundo, negra la lluvia sobre tus senos y ropa interior, negra la noche que se traga a los desaparecidos, negro el hueco de mi garganta donde todo el cuerpo se atrapa, reino de masas de alquitrán. Negra la mancha de mi alma que pone en evidencia las mentiras y todo lo que odio de mí. Pero no hay nada más negro que mi rostro putrefacto que se agrieta y el pantano de mi sangre que me desprende las manos.

Marrón

Una vez me dijiste que nunca notaste lo frías que eran mis manos, que nunca firmaba mis cartas, que no me gusta el café y aún así, todos los días me preparabas uno al despertar. Pero el día que me quitaste el sombrero y me besaste, tampoco te diste cuenta que los lunares de mi cara se desprendieron como cuarzos y de mi ombligo se dispararon todos los químicos que me componen.

Un día te subiste al tren y estoy segura que no te vi otra vez.

De niña la estación del tren era como el punto de reunión con mi centro: el cruce de vías bien podía ser sustituto de todo lo que me faltaba, como los pedazos de uña que masticaba y tiraba en el trayecto a mi destino.

Cuando caminaba por el andén miraba hacia arriba y en vez de encontrar nubes, sólo veía una ventana ahí, como si siempre hubiera estado y Dios hubiera creado el mundo alrededor de ella.

Rosa.

Amarillo.

Azul.

Siempre los mismos colores.

Nunca supe qué eran, pero se veían a través del vidrio matizado. Imaginaba que eran flores, pero de adolescente me parecían más bien cristales.

Una noche soñé el cuarto que encerraba esa ventana. Había una mesa y tres objetos encima: una guitarra, unos guantes y una taza.

Rosa.

Amarillo.

Azul.

Siempre los mismos colores. No significaban nada, pero ahí estaban. Luego demolieron esa ventana y me preocupé: si ese era el centro de mi mundo, ¿entonces cómo haría para encontrar la ruta de vuelta a casa?

UN ÁRBOL PASA Y DUELE COMO
UNA ESTACIÓN VACÍA

A mi Nonno y a Lizzie,
fuentes de inspiración.

EL ADIÓS

Abrazo

El suelo de la estación
despide brotes de hojas
que crecen gracias a sembríos de maletas.

En las grietas de la madera
asoma la ausencia su sombrero de copa;
su rostro arremolina el equipaje
y sus ojos de arena
levantan polvo que se muda.

La mañana, un atavío de trajes
que tapizan el panorama:
lo austero alberga en sacos y vestidos,
esconde las manos en los pliegues de las faldas.

Cuando los brazos se buscan entre sí,
los bolsos susurran un *adiós* al roce.

Este abrazo como paréntesis de vaho,

suspiro de letanías

y un labio color ciruela masticado

que muda a otra ventana empañada.

Este abrazo

es aferrarse a la maleta,

enterrar las uñas en espinas

y darles vuelta.

Este abrazo, tijera del humo,

sordo al silbato del tren

y ciego en las mañanas de despedida

BIENVENIDA

La mañana se tiende como un manto en el
humo.
En un sobresalto la máquina
emite un silbido oxidado:
un remolino de aire
que combate en la entraña de cobre.

Las sombras se proyectan
y los cuerpos están a contraluz
como Cristo en el Gólgota.

Los brazos extendidos
detienen la marea invisible:
el venir de las personas
cuando el andén se convierte
en una orquesta a destiempo.
Estos brazos abren una pausa de carne:

única bienvenida

y resuenan en un abrazo

cuando las pieles chocan.

MOZO DE EQUIPAJE

Los ladrillos de la estación,

con carteles a pedazos

y pegamento viejo,

rebotan gritos de los mozos,

las despedidas,

bienvenidas

y suspiros del tren.

Dos jóvenes,

ambos no contratados, de rodillas,

aseguran las manos en asas;

su profesión:

la carga del hogar portátil,

un pasado de objetos de desconocidos,

frascos de mudanza del sueño

a una cama por conocer.

Abrazo II

Los ojos brillantes, como si la luna viviera en
ellos,
contemplan el cabello que ha sembrado el sol,
campo de trigo
y pajar de pensamientos.

Él la observa.
Hay tanto movimiento ondeante
alrededor de los dos,
que de pronto son sacudidos por codos
ajenos;
el ruido sobrepasa el límite,
pero no viene de ellos.

La nariz como cuervo
va en busca de los labios,
como si este beso guardara la memoria
y detuviera el tiempo.

Los dedos, con miedo al tacto,

condenado a la caducidad,

justo ahora,

pudren la médula

y los huesos.

Este abrazo entre amantes

no promete seguridad

y amenaza con un desgarre de garganta

por llorar en silencio, a escondidas.

Fogón

Tren: casa efímera de perfil corroído
por el carbón que se cuela
en la comisura de los ojos.

Chimenea: domo metálico
que apunta al cielo,
ondea el hollín,
eleva bruma de lumbre
y esteriliza partidas.

Locomotora: corazón,
naveta, hogar del abismo
donde el grafito impulsa el viaje
de zapatos crepitantes.

La pala dispara el carbón dentro

y se vuelve volcán de piel grumosa
que sisea en rojo flama
de arteria mineral.

Paleo de venas quemadas,
cementerio de brasas
que anuncia la parada.

LOS QUE SE VAN

Las vías desaparecen con el paisaje, / con el avance todo se difumina / como pintura en la paleta de un artista. /El acero. / El ruido / y las caras, tantas caras, / ¿cómo se pinta el abandono? / En palabra, / en maletas sobre las cabezas / de las que desborda ropa. / La borrasca tiñe las ventanas. / En el vagón tiemblan oraciones en los labios / y cantos para dormitar. / El traqueteo me revienta el cráneo / pero junto a mí pasa un árbol, / corredor olímpico, / y me distraigo. / A veces pienso que el cielo va a caer, / como caen las monedas al suelo, / pero en realidad está en pausa. / Miro hacia arriba para asegurarme de que sigue ahí, / sólo la luz cambia. / La carta, / con destinatario a ti, / se escabulle en mis dedos / como la luz de los faroles; no la puedo sujetar. / No queda rastro del tren, sólo la estela de césped, / que pasa corriendo debajo. / Hay tanto abandono en este vagón / que no sé a dónde mirar, / tantos destinos, tantas caras, / y como dijo una poeta británica, / ya no me acuerdo dónde, / personas en el tren, y yo. / Y el detalle / es que hoy no te respiro / entre tantos alientos. / Imagino mi ventana / y de pronto parece viuda; / de sus cristales rotos / revientan mis venas / y manchan el lienzo de tu cama, / cráter en donde prometiste / no dejarme. // El asiento, de pronto incómodo, / me obliga a desplazarme hasta el siguiente valle / que pasa junto a mí / como cuando prendes y apagas la luz, / como parpadeo nocturno / que me desaparece por horas / sin darme cuenta. //

Y pienso en tu pecho reventado, / interrumpido por una vara de metal. // Mis piernas tan largas, invasivas, / sienten el lugar vacío del frente, / pero no puedo estirarlas / porque no hay espacio. // Envuelvo mi cuello en el abrigo / y hago de este vagón / un refugio parchado de caducidad. // El vacío me mancha las ropas, / aparecen costuras humedecidas / pero no sabría de qué color son, / o qué consistencia tienen; // para tanto nocturno, / por ahora refugio, / pienso en el jardín / tu este sin fachadas, / un lienzo / y respiro; / hay tanto roce que parece hasta dejarme hueco. // Una botella / en la ventana / orquesta un tintineo / que, en vez de adormecer / me revuelve los recuerdos: // hay tanto de nosotros / en este tren, tanto allá / afuera, / que cualquier casa es nuestra: / con esas mismas fachadas, / tu jardín, / esa casa que, /a la distancia, / parece un rompecabezas de la colina, como una piedra / que desconecta una cascada. // Se ilumina el pasillo / pasa el guardia nocturno, / deja detrás un olor a jabón / y recuerdo nuestro, / ahora tuyo, / baño: siempre con tus zapatos / junto al lavabo, / a milímetros del roce de la puerta; / todas las etiquetas alineadas al frente, / con el espejo suficientemente abajo / para que pudieras mirarte. // Más personas en el tren, / y yo. / Tantas curvas de nariz / que quieren hacerse pecho, / ópera de ronquidos, / pero quisiera la pieza musical del motor. / Las pieles, / casi traslúcidas, / como fantasmas sentados / que esperan su muerte. / ¿Serán todos ellos tus víctimas también? // Envuelvo la colina / en el espacio / valle guardia / pecho / reviento / donde el jabón abajo / recuerdo / estiro los zapatos / el abrigo como detalle, / hoy de piedra / y los recuerdos como una cama de cascada. // A estas alturas del recorrido, / cuando el túnel oculta los campos, / la oscuridad me devuelve la mirada fija en reflejo. / Me pregunto si el dolor es imparcial / o sólo me gusta tenerlo de cerca, / como una manta ceniza. // Miro por la ventana / y un extraño me mira de vuelta, / el rostro mojado, / afuera llueve, el agua como un motor de auto. / ¿Es la tormenta en su rostro, o el sudor? / Es mi reflejo. / El rostro es parche y hogar. / Definir el hogar es lugar común. / Pero donde más vivo es en este sembrío de hollín / que enmarca el rostro, las cejas. / Cierro los ojos / y los pañuelos se agitan / como claveles en el viento de la estación. / Pero no es aire, es vapor, / es el futuro, la máquina que los mueve; / nuestro nuevo oxígeno. / Todo así. Detrás de mis párpados, / pantalla negra que reproduce imágenes en mi mente. / Hay tanto ruido que ni en las casas, / allá a lo lejos, / me puedo encontrar. // El ojo enmarcado por la madera de una ventana, / mi ceja que arquea la entrada al sótano / de la casa de alguien que no conozco / y mi cabello, ahora rojizo, / compuesto por tejados de ladrillo. / Los labios temblorosos como las rosas del jardín. / ¿Serán rosas? / Me pregunto si mi rostro / ha quedado por tantos lugares / que ya no sé cómo recuperarlo. / Ojalá lo hubiera dejado en tu casa, / nuestra casa. / ¿Qué es casa? Sino este avanzar / que lee bienvenida bajo mis zapatos, / porque ya no es tu tapete de la entrada. / Pero casa también puede ser cuerpo, / antes un lugar lleno de tanto yo, / ahora, un mercado de venta y robo. / Casa eres tú, de camas vacías / y vitrinas llenas de tantas copas / que nunca vas a usar. / Esta carta, de reflejos niquelados, / con destinatario a ti, / se me escapa de los dedos. / La tinta chueca evidencia mi llanto. / Trazo su forma en la página: / el punto de origen de la lágrima / y hasta dónde llega. / Pienso en nuestra sala, / ahora con un sillón vacío. / ¿Quién lo ocupará? / Tu casa, templo creyente de mala fe, / por eso me mudo: / la muerte es una casa de susurros / que despega la carne del hueso / y desaparece mi cuerpo / escarbando desde adentro. //

LOS QUE SE QUEDAN

PIERO

El eco del traqueteo en las vías
colinda entre giros con el grito del silbato
como plumas desprevenidas en el aire.

El día parece usado:
      cielo en la hora nublada;
el césped:
      reflejo fragmentado desde la estación.

La falda arrastra fibras de sombra
que se cuelgan de los pliegos y mis pestañas.

La curva de mi nariz
quiere buscar a la barbilla
para evitar el encuentro de los ojos
con la partida.

Si mi tristeza tuviera forma
sería un cargamento en cúmulo de sales.

Encima de mi espalda,
      donde cuello y nuca,
            vértebras cervicales,
      son uno en languidez;
la reserva de lágrimas explota
y deja un rastro en el suelo;
así podrás encontrarme.

Mi llanto,
      de brazos como ramas verdes,
            flácidas y llenas de agua,
se arrastra como alma errante.

EMILIO

Llevo el peso del mundo en los omóplatos
e invoco espectros en una estación vacía.
Lo único que distingo alrededor
es el mar; se extiende más allá,
donde mis ojos no llegan.

En algún momento,
la lluvia,

      estela salada de sufrimiento,

inundó este lugar.
Solo una isla de concreto
asoma a la superficie,
donde un señalamiento,

      cruce de ferrocarril,

apunta al sol.
Me aferro a él por las noches,
cuando la marea sube,
y aquí me quedo,
en espera de otro tren.

Solo soy un espectador,

no sé si por gusto,

o si es porque estoy atrapado,

pero aquí me mantengo.

Te vuelves un accesorio emocional,

      de dedos entrecruzados,

tras la despedida.

Tus manos,

      llaveros en forma de nube,

me obligan a detener el llanto.

MARIO

El adiós no siempre se da por huida:

también causa orgullo,

       ese que infla mi pecho,

       torna los hombros transparentes,

y abre espacio para recolectar el rocío de la mañana.

Sé que no hay regreso,

pero al frente

hay un horizonte de buena fortuna

con aroma a menta.

Con este adiós concluyo,

y prefiero despedirme

con un *hasta luego*.

MARCO

El silencio,

      gota de agua,

toca el suelo,

hace mandalas.

Los pétalos que florecen de ella

se enredan en mis tobillos,

me detienen los pasos,

y todo,

      este mundo,

         la estación,

va despacio por un momento.

Este silencio

sube por mi torso como enredadera,

transita mis muñecas, los hombros

e inunda la boca

y deja un fantasma entre las mejillas.

Un hormigueo propaga el sueño:

el cuello se adormece,

las manos siguen ahí,

      miembros fantasmas,

incapaces de sentir.

Todo se aleja,

se pierde en la neblina.

El mundo,

      por fin,

respira.

ALVINA

El cuerpo, conjunto de conexiones,
      artefacto que no comprendo,
radio que sintoniza todo el día
y no se puede silenciar.

Mi cuerpo, máquina que obedece a la voz
interna:
mueve las manos
y ya estoy escribiendo;
sonríe
y te despido en la estación ferroviaria.
Mi boca se curva por hilos
que me obligan a guardar lágrimas.

Pero esto que llamo cuerpo
a cada paso me estorba más:
lo derramo por accidente,
      como un vaso de agua,
y la marca de humedad

dice que estuve aquí;

emana un olor a musgo

crecido en época de adiós.

Vivo en esta parte interna,

donde olvido los dedos sobre la mesa,

       junto al desayuno,

y voy así:

a fragmentos

todos los días.

Si cortaran mi estómago por la mitad,

una avalancha de minerales

inundaría el césped.

Me quedaría tranquilo,

      de pie,

tanto tiempo,

que un río brotaría.

Los peces nadarían a la altura de mi cabeza

y las burbujas irregulares,

      bocanadas de aire,

serían clave para sobrevivir a este río

de tristeza desgastada.

Todo esto son conjeturas

porque ya te extraño.

PIERINA

El bambú tarda siete años en dar su primer brote.
Durante dos mil quinientos cincuenta y cinco días,
las raíces ramifican una colonia subterránea
de tallos horizontales
que luego asoman sus hojas a la superficie.

En este andén no hay tierra,
pero bajo mis calcetines húmedos
hay un tallo de doce ramas
que se tejen sobre los huecos del suelo
y lo reparan.

El tiempo pasa
y las personas a mi alrededor
parecen parte de este paisaje
que ya no sé si es lluvia
o crecimientos de la gente
que se ha quedado aquí,
con la mirada en el tren que avanza.

Ellos con la esperanza de un retorno,

yo con los calcetines aún mojados.

VALENTINA

Las sábanas
solamente guardarán
el olor de mi esposo
los próximos tres días,
y después
nada.

CATERINA

Mi piel de hoy no es la misma que ayer:
con las caricias se desgasta
como las hojas del árbol,
      o el césped,
          o las algas.

Todos los días somos unos extraños ante el
mundo,
      inéditos,
porque vamos dejando la piel en nuestras tazas,
cubiertos,
las llaves,
libros y cartas,
en la almohada y el escritorio.
Ayer dejé mis labios en tu espalda.

Y recuerdo: es esencial ver el cuerpo como nuevo:

punto de partida que reinicia

todos los días.

LOS QUE SE QUEDAN

El mundo se conforma
por quinientos diez millones de kilómetros,
pero en este instante,
      con el ruido suspendido
      como una espiral sobre nuestras
      cabezas,
la Tierra parece solo esto:
un andén que se pierde en el horizonte.

Nosotros,
      figuras encorvadas con las manos al
pecho,
intentamos recuperar aquello que dejamos en
un vagón.

En términos prácticos,
nos reducimos a este segundo,

nos transformamos en sombras

　　　　o abrigos olvidados en un armario

y nos detenemos a contemplar

el vapor enroscado en las piernas,

las vías chirriantes por el calor.

El cielo está en pausa.

El viento no resuena.

Nos convertimos en figuras navideñas

dispuestas en escaparates,

con un paisaje y escenario decorativo.

El mundo se reduce a este instante

y solo existimos nosotros.

Somos los que se quedan.

ÍNDICE

Funámbulo Ediciones

Colección de poesía

Funámbulo
Evy P. Reiter

Dividir el desierto
Mikhail Carbajal

Un árbol pasa y duele como una estación vacía
Dina Tunesi

Colección de narrativa

Cuentos para noches de insomnio
Jorge López Landó y Mario Alcalá

Un árbol pasa y duele como una estación vacía de Dina Tunesi se terminó de editar en agosto de 2023, mes en que nuestro amigo Iván Trejo habría cumplido 45 años. La tipografía utilizada fue Garamond y Minion Pro. El cuidado de la edición estuvo a cargo de Mikhail Carbajal y la corrección de estilo a cargo de Sandra Morin.

Lee, siente, comparte.
San Nicolás de los Garza, N.L., México.